DIE REIHE
Archivbilder

Bad Rothenfelde

Bilder aus vergangenen Tagen

„Eine Kur in Bad Rothenfelde" – diese Bildergeschichte in zwölf Teilen stammt aus dem Jahre 1912 und endet mit dem Ergebnis: „Wer kuriert nach dieser Form, erholt sich sicher ganz enorm". Bilder von der Erholung in vergangenen Zeiten zeigen die folgenden neun Kapitel dieses Buches.

DIE REIHE
Archivbilder

BAD ROTHENFELDE

BILDER AUS VERGANGENEN TAGEN

Rolf Westheider und Richard Sautmann

SUTTON VERLAG

Rothenfeldes historisches Herz: das Alte Gradierwerk, davor die Wandelhalle am linken Bildrand, das „Kurhotel“ mit dem rechts angrenzenden Kursaal, dahinter der Kurgarten und davor ein Spiel- und Tennisplatz.

Sutton Verlag GmbH
Hochheimer Straße 59
99094 Erfurt
www.suttonverlag.de

ISBN 978-3-89702-661-2

Druck: Books on Demand GmbH, Norderstedt, Deutschland

Das Umschlagfoto ist eine kleine Überraschung: Nie als Ansichtskarte oder in einer Publikation erschienen, zeigt es das Spielzeug- und Souvenirangebot von L. Hinrichs aus Dissen in der Verkaufsstelle gegenüber dem alten Badehaus im Kurgarten. Ab 1906 übernahm die neu erbaute Wandelhalle diese Funktion.

Inhaltsverzeichnis

Geleitwort

Liebe Leserinnen und Leser,

gibt es einen passenderen Rahmen als einen „runden“ Geburtstag, um Erinnerungen zu wecken? Das Jahr 2005 gibt Gästen und Bürgern unseres Kurortes Gelegenheit, auf 100 Jahre „Bad“ zurückzublicken. Was sind schon 100 Jahre im Vergleich zu der gesamten Menschheitsgeschichte? Dennoch ist in dieser Zeitspanne von 1905 bis heute im Weltgeschehen mehr erfunden, erlebt, bewegt, bejubelt und betrauert worden, als je in einem Jahrhundert zuvor. Und gerade diese Epoche war auch für unseren kleinen Kurort im Süden des Osnabrücker Landes von entscheidender Bedeutung.

Bis heute wird Bad Rothenfelde von der heilbringenden Sole geprägt. Der kostbaren Sole verdanken wir die Entwicklung hin zu einem lebens- und liebenswerten Erholungsort mit dem gediegenen Ambiente alter Bäderarchitektur, schönen Parkanlagen und vielen Angeboten für die Urlaubs- und Freizeitgestaltung. Dank unserer Quellen, die noch immer den kostbaren Bodenschatz aus der Tiefe fördern, waren und bleiben die Gradierwerke unsere beliebteste touristische Attraktion. Wegen ihrer frischen Luft reisen seit Generationen Kurgäste und Urlauber nach Bad Rothenfelde. Sie haben darüber hinaus mit ihren Gastgebern Freundschaften geschlossen. Sie mögen es, dass sich dieser Ort den Charme eines alten Bades erhalten hat und dennoch viel Neues bieten kann. Und sie genießen die abwechslungsreiche Landschaft.

Die Bilder dieses Buches regen dazu an, in Gedanken auf historischen Wegen zu gehen. Die Autoren dieses Bildbandes unternehmen mit Ihnen eine interessante und nostalgische Zeitreise. Viel Freude und einen amüsanten Spaziergang durch die Bad Rothenfelder Kurgeschichte wünscht Ihnen

Ihr

Klaus Rehkämper
Bürgermeister

Vor dem Bade

Geschichte hat Konjunktur – gerade im Vorfeld historischer Jubiläen, wie etwa in Bad Rothenfelde am Südrand des Teutoburger Waldes. Im Jahre 2005 sind 100 Jahre vergangen, seit Rothenfelde die staatliche Anerkennung als Kurort erhielt, verbunden mit dem Namenszusatz „Bad". Die Zeit ist reif, sich zu erinnern, an jene Epoche nämlich, in der die Damen der kurenden Gesellschaft noch mit Reifröcken zum Badehaus flanierten und die Kinder in Matrosenanzügen artig durch die Wandelhalle eilten. Kuren hieß in erster Linie zu genießen – das tägliche Kurkonzert etwa, bei dem die Kapelle noch in Orchesterstärke antrat und das Publikum auf bequemem Mobiliar dem „Open-Air-Ereignis" lauschte.

„Abstieg" hieß hier Aufstieg – vor allem, wenn man in einem der größeren Häuser abstieg, zum Beispiel im Haus „Wilhelmina", das stets verschwenderisch mit Blumen geschmückt war und dessen Holzbalkone die Blicke der Betrachter auf sich zogen. Ob man hier oder in einer der vielen verschiedenen Pensionen und Villen logierte, wohl fühlen konnte man sich ob der ausnahmslos großzügigen Verpflegung allemal. Frühstück gab es zweimal – einmal vor und einmal nach dem Bade. Zum Mittagessen standen mindestens drei Gänge bereit. Nachmittags wurde Kaffee mit selbst gebackenem Kuchen gereicht, dem zum Abendbrot wieder ein reichliches, warmes Menü folgte.

Dazwischen wurde durch die Kuranlagen gelustwandelt, was angesichts der opulenten westfälischen Küche auch dringend notwendig war. Tief einatmen hieß es am Alten und am Neuen Gradierwerk – der gesundheitsfördernden Wirkung der jodhaltigen Meeresbrise wegen, die einem hier noch heute um die Nase weht. Shoppen war auch damals schon angesagt – bei Reinking etwa und natürlich in der zauberhaft gestalteten Wandelhalle, die im Bad Rothenfelde der Gegenwart so lange schmerzlich vermisst wurde. Und schließlich ging es ins Café, in dem die Damen die erste Torte des beginnenden Nachmittags genossen, während sich die Herren dem Aroma ihrer Zigarren hingaben. Am Ende des Tages dann hieß es, sich vollends zu erholen – bei Wein, Bier und Kognak von den Strapazen des täglichen Badebetriebes.

Manchmal allerdings hieß es auch wegschauen – dann nämlich, wenn die Kurkinder aus den zahlreichen Rothenfelder Kinderheimen beim nachmittäglichen Spaziergang um die Salinen und in den nahe gelegenen Kleinen Berg geführt wurden. Bad Rothenfelde galt bis zur Mitte des 20. Jahrhunderts als ausgesprochener Kinderkurort. Die Kinder, die hier Erholung von ihren Leiden suchten, stammten zumeist aus den großen Arbeitervorstädten des Ruhrgebietes und des Oldenburger Landes. Oftmals waren sie skrofulös oder rachitisch – blasse, ausgemergelte Gestalten, deren Kurerfolg nicht zuletzt auch von den reichlichen Rationen abhingen, die man ihnen dreimal täglich zugestand.

An ihnen sollte Bad Rothenfelde groß werden: Die hohe Zahl der Kinderheime, die gerade in der Ära nach dem Ersten Weltkrieg entstanden, belegt ihre Bedeutung für die Entwicklung des Kurortes eindrucksvoll. Schon im Kaiserreich zählte das Kinderkurwesen zu den bedeutenden Stützen für die Entwicklung Rothenfeldes und bot Perspektiven für den Ort, dessen ökonomische Grundlagen ursprünglich in der Salzproduktion gelegen hatten. Bis in die Nachkriegszeit nach 1945 sollte Bad Rothenfelde ein bedeutender Kinderkurort bleiben, um sich in der zweiten Hälfte des Jahrhunderts erneut zu wandeln: nunmehr hin zum klassischen Kurbad für das, erwachsene Publikum. Aber dieser Teil der jüngeren Geschichte wird in diesem Bildband nicht weiter thematisiert.

Geschichte braucht Bilder, aber Bilder können Geschichte natürlich nicht ersetzen. So will dieser Bildband Eindrücke von der Vergangenheit vermitteln, ohne diese erschöpfend darzustellen. Was generelle Gültigkeit findet, gilt in einem historisch so bedeutenden Ort wie Bad Rothenfelde erst recht. Auch wenn es bereits das eine oder andere wichtige Werk zur Ortsgeschichte gibt – das große Resümee zur Geschichte des Heilbades steht bis heute noch aus, und dieser Bildband wird es nicht ersetzen.

Zum Abschluss dieser Zeilen wird es Zeit, all jenen herzlich zu danken, die sich in selbstloser Weise um das Gelingen dieses Bildbandes verdient gemacht haben. Gleichermaßen und an erster Stelle zu würdigen sind die Bildbeiträge, die Dr. Martin Bauer vom Heimatmuseum Bad Rothenfelde und Jürgen Erting, ein privater, in Bad Rothenfelde beheimateter Sammler, beigesteuert haben. Ohne ihre Offenheit und die uneigennützige Bereitschaft, den Autoren ihre visuelle Schatztruhe zu öffnen, wäre dieses Buch niemals entstanden. Der Dank gilt zudem der Gemeindeverwaltung Bad Rothenfelde, die dem Projekt jederzeit wohlwollend gegenüberstand. Schließlich danken wir Herrn Dr. Hans-Jürgen Rüter, der als eingesessener Ortskenner das Manuskript gegengelesen und manchen Zweifelsfall mit Hilfe weiterer Rothenfelder Bürger zu klären versuchte.

Rolf Westheider und Richard Sautmann,
im Mai 2004

Bad Rothenfelde in Zeiten des Wandels. 1905 just „Bad“ geworden, entstand zunächst – wohl um dem Wandel gerecht zu werden – der erste Abschnitt der Wandelhalle (1906), der in der Bildmitte gut zu sehen ist. Im Hintergrund erkennt man die Evangelische Kinderheilanstalt, hinter der Wandelhalle das alte Inspektorenhaus. Außerhalb des Bildes entstand Neues, das Kurmittelhaus nämlich (1907 bis 1909). Bald sollte das Inspektorenhaus verschwinden und dem Kassenhäuschen am Eingang des Konzertgartens Platz machen. Fortan galt eine neue Perspektive: Weg vom idyllischen Dorf, hin zum „Weltbad“ Rothenfelde.

1

Zum Wohle die Sole

Hat Bad Rothenfelde seine Existenz dem französischen „savoir vivre" zu verdanken? Vieles deutet darauf hin, denn als der Ort zwischen 1811 und 1813 Teil des Kaiserreichs Frankreich war, verbreitete sich die Erkenntnis, dass die Sole neben der nützlichen Geldquelle des Salzes auch der menschlichen Gesundheit sehr förderlich sein kann. Der von Napoleon eingesetzte Präfekt von Keverberg verfolgte ein ehrgeiziges Ziel: die Salzproduktion sollte verdoppelt werden. Auch – und dieses Wissen stammte aus Frankreich – sollte der medizinische Nutzen des Salzwassers Anwendung finden. „Sole in die Badewannen", lautete die Devise. Davon erfuhr der Osnabrücker Arzt Dr. Drop, dessen fünfjähriger Sohn an einer gichtähnlichen Krankheit litt. „Das Solbad Rothenfelde war allein vermögend, ihn in kurzer Zeit zum wahren Erstaunen aller Fachkundigen zu heilen", berichtete der Iburger Mediziner Dr. Lamby nach dieser ersten Rothenfelder Kur. Eine Wunderheilung? Sicher nicht, aber der Beginn einer medizinischen Erfolgsgeschichte, die bezeichnenderweise mit einem Kind begann. So sollte es weitergehen. Wenigstens für Rothenfelde war damit etwas Positives von der ansonsten unerfreulichen Zeit der französischen Fremdherrschaft geblieben: die wohltuenden „effets médicales" der Sole, die der Präfekt natürlich auch genoss. 1911 – einhundert Jahre später – wurde diese Entstehungsgeschichte ausgiebig gefeiert.

Kinder beteiligten sich mit einem blumengeschmückten Korso an der Feier des hundertjährigen Erfolgs der „Quelle von Rothenfelde".

Wie ein Triumphbogen: Dieses Tor wurde zwischen den Gradierwerken über der Bahnhofstraße errichtet. Zur Orientierung: Links (nicht im Bild) grenzte das Neue Badehaus an, rechts (in der Flucht der Fahnenstangen) das Alte Gradierwerk.

Dutzendfach waren von der Reichsfahne gekrönte Stangen aufgestellt worden. Aus Material von hunderten Metern Länge wand man Kränze, um den Ort für die 100-Jahr-Feier herauszuputzen.

Die junge Welt: Matrosenanzüge und -kleider sowie die auch für Jungen schon obligatorischen Hüte bestimmten das Bild. Besonders „in“ für den Jungen links war, so auszusehen wie ein Motorradfahrer.

Auch Erna Seipt und Otto Kloster, zwei Badekinder aus Wuppertal-Vohwinkel, feierten mit. Eine Freundin schickte ihnen dieses Fotosouvenir nach Hause. Übrigens wurden die Haare des Jungen auf der Karte mit einem Bleistift nachretuschiert. Ob sie ihm krankheitsbedingt ausgefallen waren?

Für den Festumzug hatten sich die Kinder allerhand bewegliche Untersätze gebaut. Rechts ist wieder der kleine Möchtegern-Motorradfahrer zu sehen.

Gruppenbild mit Damen: Die Honoratioren versammelten sich vor dem Eingang des Neuen Badehauses. Das weibliche Geschlecht hielt sich im Hintergrund vornehm zurück, allein mit ihren ausladenden Hüten machten die Damen auf sich aufmerksam.

Noch immer der Star: Das Neue Badehaus – 1911 gerade zwei Jahre alt – verkörperte den Wandel zum „Weltbad". „Du Jungborn, wo in ewig neuem Strahle / Der Sole Wunderkraft dem Fels entquillt", dichtete Maria-Magdalene Klostermann aus Warendorf eigens für das dreitägige Fest. Selbstbewusst wurde zum Ausdruck gebracht: Wir haben es geschafft!

„Barmherzigkeit, geübt für Alle, lässt neue Lebenslust erstehn, – in Badehaus und Wandelhalle kann sich der Kurgast froh ergehn." Etwas weniger fröhlich als der gereimte Festgruß waren die Mienen der aufgeputzten Festgäste. – Sicher wird es nur am Fotografen gelegen haben.

Mit einem Kind hatte alles begonnen und Kinder waren es auch, die den Festumzug nach einhundert Jahren bestimmten. Die kleinen Gäste des Kinderheimes „Haus Oldenburg" hatten sich einen Hund als Zugtier ausgesucht. Die Feierstimmung sollte jedoch nicht lange währen. Genau drei Jahre später veränderte der Erste Weltkrieg die Badeordnung. Die Kinder aber blieben.

2

Das weiße Gold

Bad Rothenfeldes Existenz ist ein wenig dem Zufall, aber mehr noch dem Glück zu verdanken. Dem Zufall, weil der mansfeldische Wasserbaumeister Märcker im Auftrag des Osnabrücker Bischofs Ernst August II. 1723 nach langer Suche unweit des Fleckens Aschendorf eine Solequelle entdeckt hatte. Nachdem sogleich eine Wasserkraftanlage, sechs Gradierwerke und zwei Siedehäuser erbaut wurden, drohte die noch junge Quelle schon wieder zu versiegen. Alles schien vergeblich gewesen zu sein. Doch dann das Glück: Märcker entdeckte am 22. September 1724 im Garten des Kötters Graff eine viel ergiebigere und mit 7 % Salzgehalt auch stärkere Quelle. Ein Jahr darauf konnte der Siedebetrieb in vollem Umfang aufgenommen werden. Die Sole wurde zum weißen Gold – dem Rothenfelder Salz, das Arbeit und Wohlstand brachte, zunächst mehr, dann weniger, bis schließlich 1969 die Salzproduktion, die noch 200 Tonnen pro Jahr betragen hatte, ganz eingestellt wurde. Seitdem spielen nur noch die Gesundheitseffekte der Sole eine Rolle.

Unter dem Salineninspektor Schloenbach wurde zwischen 1818 und 1824 das Neue Gradierwerk erbaut. Schloenbach erfand auch die so genannte „Windkunst“: drei Windräder, die Pumpen antrieben, um die Sole heraufzubefördern. 1865 wurde in einem neu erbauten Maschinenhaus (rechts) eine Dampfmaschine mit zwei Dampfkesseln in Betrieb genommen, um vom Wind unabhängig zu werden.

Der Anfang des Erfolgs: „Durch Gottes Gabe ist dieser Salzbrunn erfunden 1724 den 22. September“. Der Eingang zur Alten Quelle im Kurpark mit dem Wappen des Fürstbischofs und Landesherrn Ernst August II. wurde wieder hergerichtet.

Dort stand bis 1913 das alte, einer mittelalterlichen Burg nachempfundene Brunnenhaus.

Rothenfelde wurde 1866 preußisch und der Staat trennte sich vom Salinenbetrieb. Kaufleute aus Witten sowie der Dortmunder Kaufmann Heinrich Schüchtermann schlossen sich 1872 in einer Aktiengesellschaft zusammen. 1875 wurde diese Sodafabrik errichtet; ein längerer Erfolg blieb jedoch aus.

Das ehemals Königliche Salzsteueramt mit der Wohnung des Steuerinspektors Knief wurde 1906 abgebrochen, um dem Neuen Badehaus Platz zu machen, das 1909 in Betrieb ging.

Die Salzindustrie führte 1894 auch zu wirtschaftlichen Ausflügen in Richtung Margarinefabrikation und Molkerei. Hier ein Briefkopf aus dem Jahre 1904.

Seit der Fertigstellung des Neuen Badehauses im Jahre 1909 trat die Salzsiederei deutlich hinter dem Kurbetrieb zurück. Das ist an dieser Luftaufnahme von 1926 besonders gut zu erkennen.

Nach dem Umbau seines Wohnhauses zum Kurhaus musste der Salineninspektor in dieses Haus an der Oststraße (heutige Ulmenstraße) umziehen.

Gute Aussichten? Eine „Windkunst“ auf dem Neuen Gradierwerk, rechts befindet sich das Maschinenhaus. In Blickrichtung Dissen ist links der Kamm des Teutoburger Waldes zu erkennen.

Im Siedehaus: Die auf einen Salzanteil von etwa 20 % hochgradierte Sole fließt in ein Lösegefäß und wird dort durch Abwärme vorgewärmt.

Ein Heizer kontrolliert die Feuerung unter den Siedepfannen.

Das Salz wird vom Rand der Siedepfanne herausgeschaufelt. Die Salzgewinnung war schwere Handarbeit.

Aus dem Holzbottich gelangte das Salz nach dem Wiegen auf einen Schrägaufzug, der es in den Vorratsraum beförderte.

Vom Anfang des weißen Goldes bei der Dornengradierung …

… bis zu seinem Ende wegen Unrentabilität: 1969 kam das Aus für das Rothenfelder Salz. Am Standort der alten Anlage befindet sich heute die „Klinik im Kurpark“.

3

Mit Weile um die Gesundheitsmeile

Man kann sich den Badebetrieb in den ersten Jahrzehnten des 19. Jahrhunderts gar nicht primitiv genug vorstellen. Scheunen und Ställe dienten als Badezimmer, so wird berichtet. Gelegentlich nahmen die Kurgäste ihr Bad in Fässern unter freiem Himmel. Mit Handpumpen wurde die Sole eingefüllt. Acht Badestuben zählte man damals, vier bei Lammers und je zwei bei den Gastwirten Höcker und Wiemann. Im Jahre 1850 wurden während der kurzen Sommersaison immerhin schon an die 3.000 Bäder ausgegeben. Bald entdeckten die Rothenfelder Badegäste die heilbringende Wirkung der Gradierwerke, an denen entlangzuflanieren seit der Zeit des Kaiserreichs (1871 bis 1918) zum guten Ton gehört. Zwischen 1900 und 1910 wuchs die Zahl derer, die die gesunde jodhaltige Luft genossen, von 1.800 auf 14.000 pro Jahr. 1906 entstand schließlich auf „Höckers Zuschlag" parallel zum alten Gradierwerk der erste Bauabschnitt der Wandelhalle: als spektakulärer Treffpunkt, als Regenschutz für verzagte Wanderer und als Paradies für all jene, die sich schon damals den „Kurlaub" ohne Shoppingabenteuer kaum vorstellen konnten.

Im Februar des Jahres 1852 fanden sich 18 Dissener und Rothenfelder Bürger, die je 500 Taler gaben, um dieses erste Rothenfelder Badehaus zu erbauen. Im Juni 1853 war es fertig, ein Meilenstein in der Rothenfelder Kurgeschichte.

Blick auf die Südseite des Alten Gradierwerks um 1910. Im Hintergrund sind noch die Windmühlenflügel auf dem Neuen Gradierwerk zu erkennen.

Blick auf die Wandelhalle (rechts neben dem Gradierwerk) mit dem ehemaligen Inspektorenhaus dahinter. Zwischen diesem Gebäude und dem „Höcker'schen Badehotel" sollte der Konzertgarten entstehen.

Spielende Kinder gehörten in Bad Rothenfelde seit jeher zum typischen Ortsbild.

Vorbereitung auf eine geschlechtergetrennte Zukunft: Mit Mütze und Matrosenanzug wurden die Jungen ausstaffiert, während die kleinen Mädchen kaum einmal ohne Schürze anzutreffen waren.

So wie in heutigen Tagen die Pferdekutsche stetig ihre Bahn um das Neue Gradierwerk zieht, gehörten im Kaiserreich die Reitesel zum Bild des Kurbetriebes.

Wer hätte damals gedacht, dass das Projekt Wandelhalle beinahe 100 Jahre nach ihrer Errichtung wieder hochaktuell sein würde? Groß war zunächst die Trauer über den Verlust, ebenso groß der Streit über das, was folgen sollte.

Zwischen Gradierwerk und Wandelhalle konzentrierte sich das geschäftige Kurgasttreiben.

Klitzeklein erscheint das flanierende Publikum an der Wandelhalle, doch sollte man sich nicht täuschen lassen. Der Fotograf hatte zunächst einmal die Straße fotografiert und die Menschen erst später hineinmontiert. Für seine langen Belichtungszeiten marschierten die Kurgäste doch noch ein wenig zu schnell.

Diese Szene hingegen ist echt und präsentiert die Wandelhalle im Kriegsjahr 1941.

Eine ganze Anzahl von Geschäften sollte dafür sorgen, dass die Wandelhalle zu einem Rothenfelder Aushängeschild wurde. Links befindet sich der Laden von Schäffer aus Osnabrück, daneben Beucke aus Dissen und dann der Fotograf Stertmann.

Und schließlich strömte das Publikum in hellen Scharen herbei.

Wieder das Standardmotiv, aber nur wenige Tage später war alles vorüber. Denn im Ersten Weltkrieg sollten auch in Bad Rothenfelde die Lichter ausgehen.

Der friedliche Schein trügt: Wir befinden uns erneut im Kriege, diesmal im Jahre 1940. Die friedlich flanierenden Massen sollten nur wenige Jahre später zurückkehren – als verarmte Flüchtlinge nämlich, und nicht etwa für „des Reiches Herrlichkeit".

Imposant ragt die letzte der drei Windmühlen über dem Neuen Gradierwerk in den Himmel. Gebraucht wurde sie schon seit der Jahrhundertwende nicht mehr.

Platz zum Spielen gab es hier reichlich, aber für die „Kids des Kaiserreichs" waren die Reitesel immer noch die Top-Favoriten.

In der Wirtschaftswunderzeit hingegen waren Spielplätze schon eher angesagt, allein schon, weil es keine Esel mehr gab.

Beeindruckend der Blick auf das 1909 fertig gestellte und herrschaftlich anmutende Neue Badehaus, mit dem Bad Rothenfelde in der Zeit des Wilhelminischen Kaiserreichs seine Weltbad-Ambitionen stolz begründete.

Manches blieb über das Jahrhundert bestehen – vor allem die Vorliebe der Kurkinder für die Wasserbassins an den Gradierwerken.

Ein echter Rothenfelder Klassiker war natürlich die Partie am Kahnteich, wobei in diesem Falle der Großvater seine Enkel übers Wasser rudert. Von 1925 bis 1972 konnte hier dem geruhsamen Wassersport gefrönt werden.

Hier nahmen die bezopften Töchter ihrer Mutter das schweißtreibende Rudergeschäft ab.

Man kann nur hoffen, dass auch dieser Esel friedlich blieb und nicht etwa im nächsten Augenblick die Böschung zum Kurgarten hinabgaloppierte.

Mit dem Käfer direkt vors Gradierwerk – die Wirtschaftswunderzeit hatte eben ihre ganz eigenen Vorstellungen von Luxus.

Ein Turnier am Gradierwerk? Heute undenkbar, beim Reit- und Fahrturnier im Sommer 1930 ein echter Hit! Übrigens bestanden die Hindernisse aus Margarinefässern der Firma Homann aus dem benachbarten Dissen. So wurde auch den Vierbeinern Gelegenheit geboten, einmal in einen Fettnapf zu treten.

4

Sehen und gesehen werden

Wer glaubt, dass es beim Kuren einzig um den Faktor Gesundheit ginge, liegt falsch. Zum Kuren gehört das Flanieren und zur Promenade seit jeher eine gewisse, durchaus liebenswerte Eitelkeit: das „Sehen-und-gesehen-werden". Vor allem gehört auch das mehr oder minder amüsierte Abschätzen des lustwandelnden Publikums dazu, dem man am Morgen vielleicht noch im Bademantel bei den ersten Anwendungen des Tages begegnet war. Zur Promenade jedoch, am Sonntag schon gar, ging man seit jeher aufwendig gestylt – und man tut es noch heute. Die Erwartungen der zahlreich daher flanierenden Gäste sollen schließlich nicht enttäuscht werden.

Schmutzig machen durften sich diese kleinen Ausflügler auf gar keinen Fall, was der Freude an der Ausfahrt mit dem Ziegenbockgespann offensichtlich einigen Abbruch tat. Der Rest des Sonntages war übrigens schon vorprogrammiert: Von halb zwölf bis halb eins stand das Kurkonzert auf dem Programm, danach Mittagessen, danach Spaziergang, um halb vier Uhr erneut Kurkonzert und darauf ging's nach Hause. Allzu viel Spaß werden die lieben Kleinen an ihrem Sonntagsausflug also wohl nicht gehabt haben.

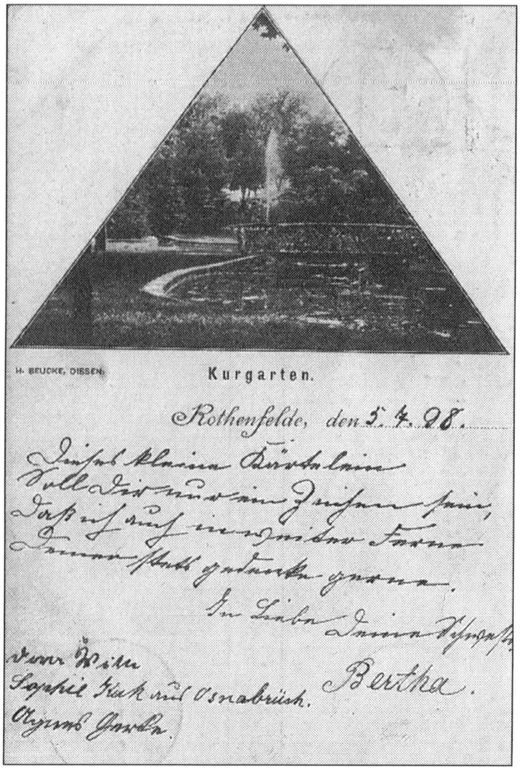

Ein gereimter Gruß: „Dieses kleine Kärtelein / soll Dir nur ein Zeichen sein / daß ich auch in weiter Ferne / Deiner stets gedenke gerne."

Kurbekanntschaften gehörten dazu. Hier wird ein Schnappschuss für das „liebe Fräulein Vahrenhorst" aufgenommen, mit dem man sich bis zum Schluss noch tapfer siezte.

Ein absoluter Klassiker fürs Postkartenmotiv waren für Jahrzehnte die kleinen Jungen im Matrosenanzug bei der Ausfahrt mit Esel oder Ziegenbockgespann. Die Esel liefen übrigens frei herum und durften nach Gusto zum Ausritt in Beschlag genommen werden.

Zwischen Gradierwerk und Kurmittelhaus verlief eine der beliebteren Flaniermeilen, die vor allem noch recht friedlich war.

Wasser marsch: Populär war natürlich auch der Spaziergang um den Springbrunnen im Kurgarten.

Eine künstliche Welt: Über die engste Stelle des Teiches führte eine Brücke, davor stand ein Entenhaus und dazwischen – im Wasser – versteinerter Schwarzdorn.

Stille und Abgeschiedenheit hatte der Kurpark theoretisch reichlich zu bieten, aber praktisch war im Sommer einfach zu viel los, um einmal ungestört seinen Gedanken nachhängen zu können.

Man könnte meinen, dass sich hier irgendein Halbstarker mit seinem Automobil am Kurhaus habe profilieren wollen. Aber weit gefehlt! Das Auto hat Fotograf Hemmelskamp erst nachträglich ins Bild montiert. Zum Zeitpunkt der Aufnahme galt das abgebildete Automobil als Fortschrittsbeweis. Seit den späten 60er-Jahren waren die Autos aus dem Kurbereich verbannt.

Irgendeiner architektonischen Linie war es eigentlich nicht zuzuordnen, das Trinkhäuschen im Kurpark.

Doch immerhin trank man die Sole hier noch mit Stil und Niveau, wenn auch nicht unbedingt mit Genuss. Nach der Trinkpause wurde der tägliche Promenadengang fortgesetzt.

Das „Alte Kurhaus" war ursprünglich das Wohnhaus des staatlich beamteten Salineninspektors. 1872 erfolgte der Umbau. Die angrenzende Gartenanlage diente als erster Kurgarten.

Ordentlich aufgereiht zeigte man sich hier am Eingang zum „Badehotel“, dem späteren „Neuen Kurhaus“, das ursprünglich dem Gastwirt Höcker gehörte.

1881 sollte das Badehotel mit seiner 17 Wannen umfassenden Badeabteilung von der Salinen- und Solbad AG übernommen und erweitert werden.

Allzu märchenhaft wirkt er eigentlich nicht, der „Märchenbrunnen“ am Wittekindssprudel, der oft auch als „Kinderbrunnen“ bezeichnet wird, …

… aber dafür passt er zur kühlen Bauhausarchitektur, die das Pumpengebäude auszeichnet.

1903 wurde der Rothenfelder Kursaal an der Parkstraße errichtet. Rückseitig schloss das prächtige Gebäude am Konzertgarten an.

Fraglos war der Brand im Kursaal am 24. Januar 1934 ein Desaster, vor allem, wenn man die darauf folgende Architektur am historischen Vorläufer misst.

Die Gartenanlage auf der gegenüberliegenden Straßenseite mit Tennisplatz und Kinderspielhalle bot allerhand Abwechslung für das von Spielmöglichkeiten noch wenig verwöhnte Publikum. Heute können hier nur noch Autos abgestellt werden.

Beinahe militärisch scheint im Jahre 1905 die Bestuhlung im Kursaal aufgereiht, der auch gleich mit einer Bühne ausgestattet war: für das Rothenfelder Theaterprogramm und – bei Regentagen – für ein kleines Kurorchester.

Der „Rote Salon“ hatte für viele gesellschaftliche Ereignisse seinen besonderen Charme.

Nach dem Abbruch des Inspektorenhauses im Jahre 1913 entstand das Kassenhäuschen, das auf seine Weise zur Finanzierung des Kurorchesters und sonstiger Kurveranstaltungen beitragen sollte.

Nobles Ambiente: der Kursaal mit seiner imposanten Freitreppe. Sie sollte zu einer der beliebtesten Bad Rothenfelder Fotokulissen werden.

Hier im Konzertgarten wurde es dann gemütlich: im Sonnenschein beim Bierchen, das einem der Badearzt am Morgen vermutlich noch energisch verboten hatte.

Musikdirektor Bruno Brenner komponierte seinen „Gruß an Bad Rothenfelde" zu einer Zeit, als Rothenfelde noch gar kein „Bad" vor dem Namen stehen hatte, vor 1905 also.

Schon im Jahre 1887 entstand westlich des „Badehotels" ein Konzertplatz mit Musikpavillon. Ein Kurkonzert ertönte erstmals im Jahre 1860, als „ein böhmisches, neun Mann starkes Musikkorps auf 64 Tage gedungen wurde", wie es in der Festschrift von 1911 heißt.

Rothenfelde wurde beliebt, das Publikum nahm zu und die Ansprüche stiegen. 1913 entstand der neue Musikpavillon, groß genug für ein ganzes Orchester. Allerdings: Spielende Kinder mochten die neuen Musiker nicht, wie die Inschrift in der Bildmitte beweist.

Hier eine weitere Aufnahme aus dem alten Musikpavillon, in dem es bei Orchesterstärke schon einigermaßen ungemütlich werden konnte.

Den Kindern allerdings, die artig, still und leise den musikalischen Ergüssen des Orchesters lauschen sollten, dürfte der Sonntag im Konzertgarten doch bald schon allzu langweilig geworden sein.

5

Die Bäder zu nehmen

Der Aufschwung des Kurbetriebes im Kaiserreich sorgte für einen elementaren wirtschaftlichen Strukturwandel in Bad Rothenfelde. Zwar wurde auch weiterhin Salz gewonnen und manch anderes industrielle Projekt versucht (von der Sodaproduktion bis zur Margarineherstellung), aber der Badebetrieb mauserte sich schließlich zur bedeutendsten Säule des lokalen Wirtschaftsbetriebes – und es wurde investiert. Kursaal und Kurhotel entstanden, die Wandelhalle wurde errichtet, der Konzertgarten und der Kurpark gestaltet. Vor allem konnte in zweijähriger Bauzeit das neue, große Kurmittelhaus entstehen (1907 bis 1909). Kurzum, Bad Rothenfelde wurde zum repräsentativen Heilbad mit bemerkenswerten Heilanzeigen, in dem nicht nur gelustwandelt, sondern auch ordentlich gekurt und kuriert werden konnte.

Derart von Wimpeln und Fahnen umkränzt zeigte sich das Kurmittelhaus (Badehaus) nur ein einziges Mal im Verlauf seiner Geschichte: im Jahre 1911 nämlich, zur Jahrhundertfeier des Rothenfelder Badebetriebes.

Die „Wächterin des Gesundbrunnens“ trägt die gesiegelte Wahrheit in der Hand: „Mehr als Silber und Gold / hebt Rothenfeldes heilige Quelle / aus der Tiefe empor / den Schatz der Schätze: Genesung“.

Rechter Hand des Eingangs gab's Auskunft und die unvermeidlichen Kurtaxkarten – und geradeaus ging's zur Heilung.

Trinkkuren waren nur eine der Säulen des Kurbetriebes. Man darf annehmen, dass die Sole – pur genossen – manchen Heilerfolg erzielte.

Bis heute jedenfalls gehört das nicht sonderlich schmackhafte Getränk zum Klassiker des Kurerlebnisses, auch wenn das Ambiente während der wirtschaftswunderlichen 50er-Jahre allzu sehr ins Moderne abglitt.

Schon im Jahre 1907 wurde auch in der gerade fertig gestellten Wandelhalle eine Trinkkur-Anlage installiert.

Rückzugs- und Lektüremöglichkeiten gehören zur Kur dazu; im Kurmittelhaus von 1909 las man bei absoluter Ruhe außerordentlich stilvoll.

Das Rothenfelder „Gesundheitszentrum“: Am 1773/74 erbauten Alten Gradierwerk, das ursprünglich 200 Meter lang war, verrieselte die Sole auf 3.000 Quadratmetern. Seit 1906 konnte die gesunde Luft in der Wandelhalle auch bei Regenwetter genossen werden.

Vom Kursaal aus führte eine breite und bequeme Freitreppe in den Konzertgarten.

Zu allen Zeiten waren diese Stufen eine beliebte Fotokulisse, auch für verwundete Frontsoldaten, wie hier im Dezember des Jahres 1914.

„Es wäre fast sündhaft, wenn solch schönes Lazarett leer bliebe", hieß es 1914 beim Schreiber dieser Karte noch voller Siegeszuversicht: Schon im Ersten Weltkrieg wurde der Kursaal für die Verwundetenpflege reklamiert. Man wartete darauf, Frontsoldaten hier pflegen zu können.

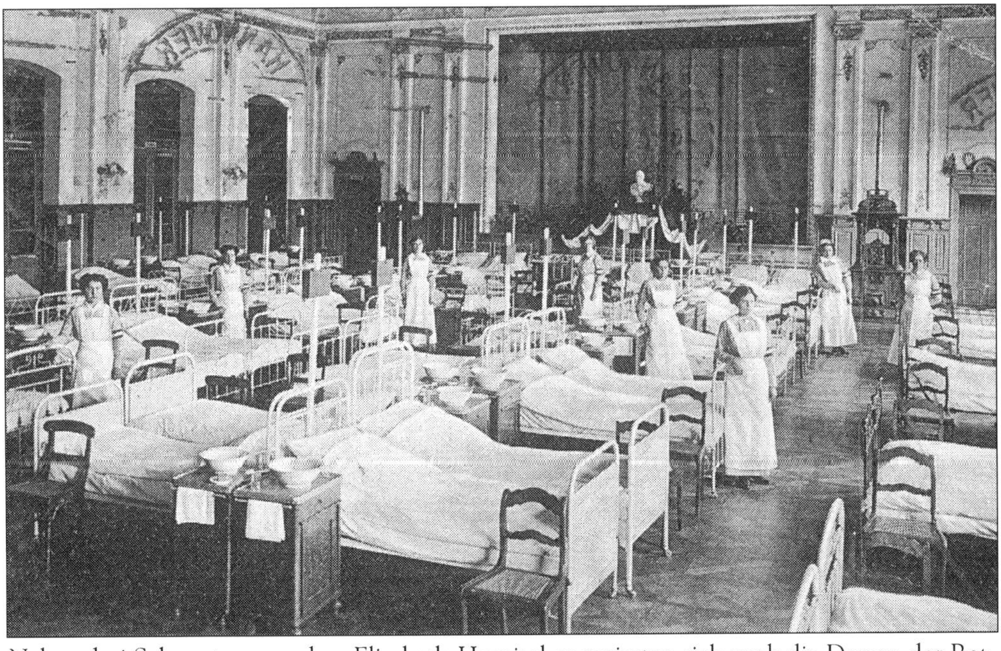

Neben drei Schwestern aus dem Elisabeth-Hospital engagierten sich auch die Damen der Rot-Kreuz-Gruppe Bad Rothenfelde in der Verwundetenpflege.

Rückblende: Nach Gründung der Salinen- und Solbad-Aktiengesellschaft im Jahre 1872 erfolgte der Ausbau des Badebetriebes. Die Wohnung des Salineninspektors wurde zum Kur- und Logierhaus umgebaut, der Hausgarten entwickelte sich zum Kurgarten.

Wieder einmal zogen unerfreuliche Zeiten auf: Im September des Jahres 1933 präsentierte sich die Belegschaft des Kurhauses mit Direktor Ernst Brockhoff der Kamera.

Im Jahre 1881 wechselte das so genannte „Badehotel“ des Gastwirts Höcker – das später (1914) aufgestockte „Kurhaus“ – in den Besitz der Salinen- und Solbad AG.

Eines der Zimmer im späteren Logierhaus im Konzertgarten.

Im Knappschaftserholungsheim bzw. Sanatorium „Weidtmanshof" lebte es sich seit jeher prächtig, nicht zuletzt auch wegen der herrlichen Aussicht. Das Haus ist benannt nach dem „Geheimen Bergrat" Dr. Victor Weidtman.

In den 30er-Jahren zeigte sich auch hier das allgemein verbreitete Bekenntnis zum „Dritten Reich", wie hier von der Belegschaft der Einrichtung demonstriert.

Mit den Schornsteinen des Salzwerkes als Kulisse entstand in den Jahren 1932/33 das Solefreibad, das zu den ersten therapeutischen Freibädern überhaupt gehört.

Badespaß im Zeichen des Hakenkreuzes, das im „Dritten Reich“ nicht aus dem Ortsbild wegzudenken war.

Rothenfeldes Bademeister Karl Hörnick, hier mit Kapitänsmütze abgelichtet, entzückte die Damenwelt jeden Mittag aufs Neue mit einem perfekten Hechtsprung vom Dreier.

6

Aus grauer Städte Mauern

Auch wenn Ortsbild und Kuralltag heute nicht mehr daran erinnern, so galt Bad Rothenfelde doch bis in die 50er-Jahre des letzten Jahrhunderts hinein als ausgesprochenes Kinderheilbad. Bis ins Kaiserreich reicht die Geschichte des hiesigen Kinderkurwesens zurück. „Aus grauer Städte Mauern", aus den Arbeitervierteln der zwar aufstrebenden, aber immer ungesunderen Großstädte des engeren und weiteren Umfeldes kamen vermehrt Kurkinder nach Bad Rothenfelde, eine Entwicklung, die in den 1920er-Jahren und im „Dritten Reich" noch zusätzlichen Schub bekam. In Bad Rothenfelde sind die Anfänge des Kinderkurwesens eng an die Person des Badearztes Dr. Otto Kanzler gebunden. Er betreute sowohl die Evangelische Kinderheilanstalt als auch die Kinder im katholischen Elisabeth-Hospital. Darüber hinaus übernahm er auch die Betreuung des 1914 eingerichteten Oldenburger Kinderheims und machte sich zudem in der Fachwelt als Experte für Kinderkuren einen respektablen Namen. So wurde Bad Rothenfelde eine gefragte Adresse in der Kinderheilpflege, was auch den übrigen Badeärzten wie auch den vielen privaten Kindererholungsheimen zugute kam.

Gerade nach den langen Hungerjahren während des Ersten Weltkrieges (1914 bis 1918) waren viele Stadtkinder dringend auf die Kur in Bad Rothenfelde angewiesen; hier eine Aufnahme aus dem Oldenburger Kinderheim von 1919.

Der Kotten von Evers unweit der heutigen Münsterstraße soll im Jahre 1868 als erstes Kinderheim in Rothenfelde eingerichtet worden sein, darf also als Vorläufer des Evangelischen Kinderheims gelten.

Bis heute leicht erkennbar: die Fassade des Elisabeth-Hospitals an der Bahnhofstraße.

Mit herrlichem Fernblick am Hang gelegen: das Gebäudeensemble der Evangelischen Kinderheilanstalt mit seiner markanten Pavillonkonstruktion.

„Ich bin jetzt noch gut zufrieden. Wir können den ganzen Tag spielen", teilte die kleine Elisabeth ihrer Freundin Anna auf dieser Karte mit.

Regelmäßige und reichliche Mahlzeiten waren das A und O für den Kurerfolg der oftmals mangel- oder unterernährten Stadtkinder.

Am Nachmittag dann wurde spaziert, entweder um die Gradierwerke herum …

… oder in den nahe gelegenen Kleinen Berg.

Gebadet wurde am Vormittag zumeist im Kinderbadehaus, das mit Errichtung des Neuen Badehauses obsolet werden sollte.

Höhepunkt und Abschluss der Rothenfelder Kinderkur war das gemeinsame Gruppenfoto vor den Außenbaracken. Sie wurden im Jahre 1874 errichtet und hatten Modellcharakter für eine Vielzahl vergleichbarer norddeutscher Häuser von Salzdetfurth bis Norderney.

Im Kriegsjahr 1917 ließ sich der Badearzt Dr. Bonhoff in Bad Rothenfelde nieder. Er betreute nicht nur eine Vielzahl von Kindererholungsheimen, er baute auch selber eines. Das Haus im Stil des Bauhauses hinter dem Wittekindbrunnen ist nicht mehr erhalten.

Kinder sorgen nicht nur für „Unterhaltung“, sie brauchen auch selber welche.

Besonders gern gesehene Gäste waren die Kurkinder vor allem bei großen Festen und Umzügen – hier der „Zigeunerwagen" des Kinderheims Dr. Bonhoff beim Reit- und Fahrturnier im Sommer 1930.

Die Rothenfelder hatten natürlich auch selber Kinder und schickten sie z.B. in die „Höhere Privatschule", dem heutigen Dr.-Alfred-Bauer-Heimatmuseum.

Dr. Bonhoff betreute auch das „Kinderheim der Stadt Bochum“.

Es lag privilegiert unmittelbar an der Wandelhalle, also nur einen Katzensprung von Gradierwerk und Kurmittelhaus entfernt. Heute ein Kaufhaus, präsentiert es sich hier nach einer gründlichen Modernisierung Mitte der 30er-Jahre.

Nach dem Mittagessen herrschte Ruhepause, danach gab's Kakao und dann kam der heiß ersehnte Aufbruch zum Spielen an das Gradierwerk.

Allzu lebhaft durfte es auf dem Spielplatz für den Fotografen nicht zugehen. Bewegung schadete der Schärfe des Bildes.

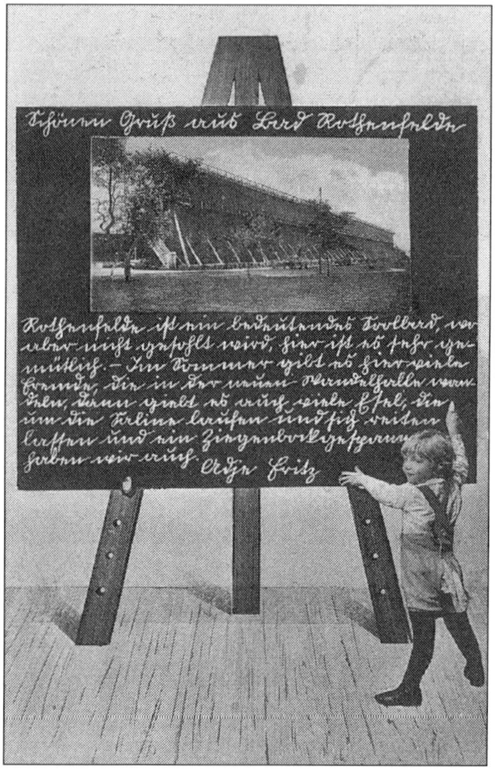

Was es hier alles gab: „viele Esel, die um die Saline laufen und sich reiten lassen und ein Ziegenbockgespann“, zählt der Fritz hier auf.

1863 erbaut, diente dieses Gebäude bis 1912 als erste Rothenfelder Apotheke. Von 1914 bis 1917 war es an den Oldenburger Wohlfahrtsverband als Kinderhospiz vermietet.

1917 bauten die Oldenburger ihr eigenes, größeres Haus, das im „Dritten Reich“ den Namen „NSV-Kindererholungsheim Oldenburg“ erhielt. Heute ist darin die Johann-Wilhelm-Ritter-Hautklinik untergebracht.

Hier durfte gespielt werden – allerdings mit wesentlich mehr Anstand als Vergnügen.

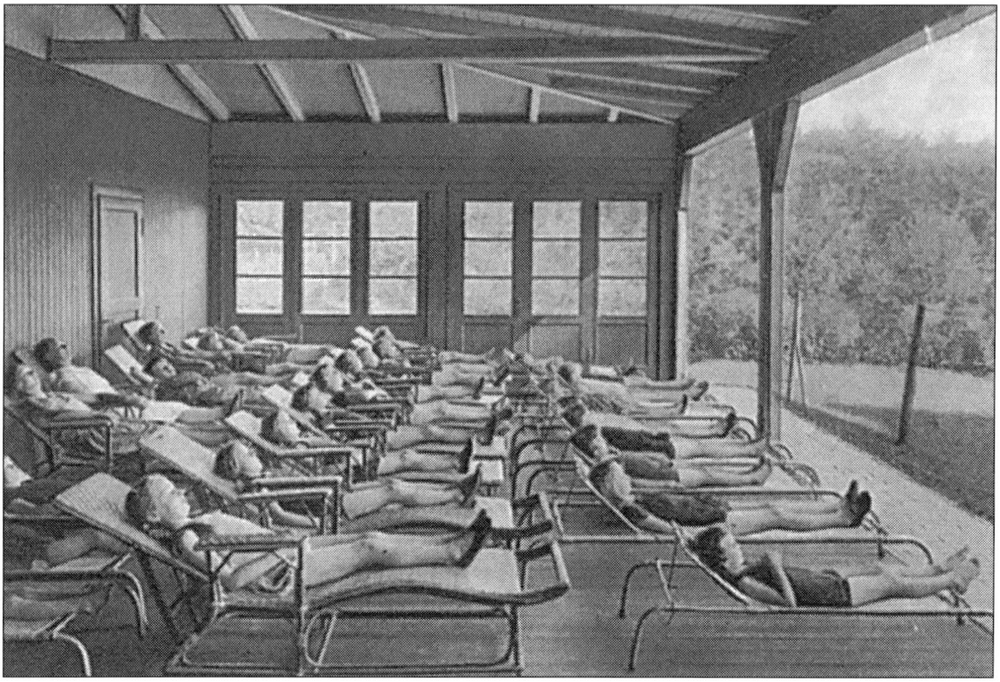

Sich erholt und luftgebadet wurde auch – und zwar in Reih und Glied.

Natürlich wurde auch Sport getrieben. Richtig gespielt hat man auf der Spielwiese zu dieser Zeit wohl höchstens heimlich.

Blasse, ausgemergelte Körper, denen hier vermittels einiger Höhensonnen eine gesunde Farbe verschafft werden sollte.

Im Speisesaal schauten alle Volksschichten auf die Kinder herab. Der Soldat allerdings, am linken Bildrand findet man ihn, wurde nach Kriegsende 1945 übermalt.

Und doch gab es reichlich Kinderfreuden. Der Verfasser dieser Grußkarte jedenfalls versicherte seinem Freund Fritz: „Wir spielen den ganzen Tag draußen.“

Im „Dritten Reich“ nahm das Kinderkurwesen nochmals zu, denn alle „Gaue“ suchten einander in der Anzahl der verschickten Kinder zu übertreffen. Den Kindern und den Rothenfelder Erholungsheimen aber hat es gut getan.

Gespeist wurde im Kinderheim „Phoenix“ unter dem „Führerbild“. Den Zöglingen wurde regelmäßig eingetrichtert, wem sie all diese Wohltaten zu verdanken hatten.

Die Kinder waren vom Krieg am schwersten betroffen – man erahnt die Narben, die er schlug, schon auf diesem am Hedwigshaus aufgenommenen Erinnerungsfoto von 1941.

Ernst-Heinrich Reinking erkennt sich und andere Mitschüler auf diesem Foto, darunter auch Martin Schomborg, den späteren langjährigen Bürgermeister Rothenfeldes. Es ist vermutlich das letzte Foto vor der Schließung der „Höheren Privatschule“ im Frühjahr 1939.

Natürlich kamen in den 20er-Jahren viele Kinder aus den grauen, tristen Ruhrgebietsstädten, um im friedlichen Bad Rothenfelde Erholung zu finden. Hier eine Aufnahme aus dem Recklinghauser „Hedwigshaus“, dessen Haus I (oben) heute das „Parkhotel Gätje“ ist.

1905 übernahm Dr. Galisch das im Jahre 1891 errichte Haus der Lehrerin Wahl. Es war, wie es im „Wohnungs-Anzeiger" von 1927 hieß, „während des ganzen Jahres geöffnet für erholungsbedürftige Kinder vom 2. bis 13. Lebensjahr der gebildeten Stände." – Arbeiterkinder waren demnach unerwünscht.

Durch Grundstückszukäufe und Umbauten schuf Dr. Galisch ein privates Kindersanatorium, das 1960 von Siegfried Horstmann übernommen und zur Pension umgebaut wurde. Die „Hansa-Stuben" und das „Café Horstmann" lösten als gastronomische Ziele die Kinderunterbringung ab – eine für Rothenfelde durchaus typische Entwicklung.

7

Der Kurgast ist König

In Bad Rothenfelde dreht sich alles um die Gäste. Betrachtet man die fotografische Überlieferung, so scheint der Ort allein für den Fremden angelegt zu sein. Die Gastgeber treten in ihrer dienenden Funktion gegenüber den Gästen zurück. Allein ihre Einrichtungen, die Hotels, Pensionen, Ferienheime, Restaurants und Gasthäuser sind es, die das Ortsbild bestimmen. Außerhalb des touristischen Gewerbes und der Gesundheitseinrichtungen ist kaum etwas anderes zu entdecken – so war es und so ist es noch heute. Allein die Altersstruktur der Gäste hat sich deutlich gewandelt. An die Stelle der kollektiven Kinderversorgung sind zahlreiche Kliniken und der touristische Service für älteres Publikum und Tagesgäste getreten. Was blieb, ist die ungeteilte Aufmerksamkeit für das Wohl des Gastes.

Wir sind wer: Mit dem Aufenthalt im Kurort konnte vor 1914 das Großbürgertum seine wirtschaftliche Bedeutung dokumentieren. Dass dieses Selbstbewusstsein überwiegend von Männern zur Schau gestellt wurde, vermag diese Gesellschaft auf der Treppe vom Konzertgarten in den Kursaal eindrucksvoll zu dokumentieren.

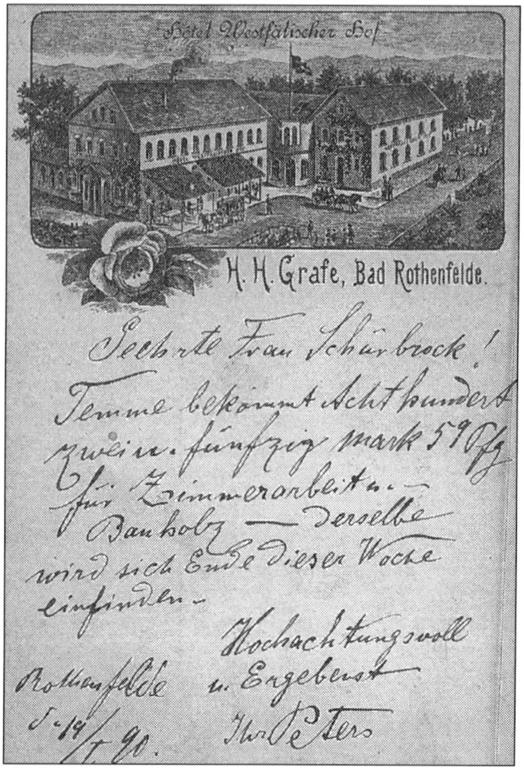
Hotel Westfälischer Hof

H. H. Grafe, Bad Rothenfelde.

Geehrte Frau Schürbrock!
Temme bekommt Achthundert
zwei u. fünfzig mark 59 Pfg
für Zimmerarbeit u. –
Bauholz — derselbe
wird sich Ende dieser Woche
einfinden. –
Hochachtungsvoll
Rothenfelde u. Ergebenst
5.19/I.90. Ihr Peters

Der „Westfälische Hof“ zählte zu den ältesten und renommiertesten Hotels am Ort. Eine der ältesten Bildvorlagen ist auch diese Karte aus der Sammlung Erting. Sie ist vom 19. Januar 1890 datiert. Allerdings hatte Herr Peters, der der Witwe Schürbrock im benachbarten Laer schrieb, sich noch nicht daran gewöhnt, dass bereits das Jahr 1891 angebrochen war …

Die noble Herberge gelangte unter ihrem Betreiber Ferdinand Leonhardt zur größten Blüte – hier in einer seltenen Aufnahme des Dissener Fotografen Hinrichs.

Die Vollpension endete bei Leonhardt abends mit einem „gemeinschaftlichen Souper um 7 Uhr", für Kinder standen „Milch-Speisen, Eier oder Aufschnitt von 6 Uhr an" bereit. Für die Gesundheit wurden „elektrische Lohtannin- oder Pflanzensaftbäder" verabreicht; diese „neueste, erfolgreichste Anwendung der Elektrizität zu Heilzwecken" ist noch heute als „Stanger-Bad" bekannt.

Zum Wohle! Die Frauen sorgten sich um das Wohl der Kinder, die Männer durften sich ein Bier schmecken lassen. Die Geschlechterrollen in der Wilhelminischen Gesellschaft bringt diese Inszenierung vor der „Gastwirtschaft Tepe“ an der Münsterstraße deutlich zum Ausdruck.

Das Haus „Zum grünen Walde“ nahm für sich in Anspruch, die älteste Gastronomie am Ort zu sein. Der spätere „Hellerkotten“ gegenüber der evangelischen Kirche wich in den 1980er-Jahren einem Parkplatz.

Die „Villa Börger“ warb mit modernen Errungenschaften wie elektrischem Licht und fließendem Wasser. Zudem wurden hohe, lichtvolle Zimmer geboten, die andernorts keineswegs selbstverständlich waren. Zur Bäderarchitektur, der heute wieder größte Aufmerksamkeit geschenkt wird, gehörten sie freilich dazu.

Nahezu unverändert erhalten geblieben ist das „Haus Kaesemann“ an der Frankfurter/Ecke Münsterstraße. Im Hause befand sich zeitweise auch eine Zweigstelle der Volksbank Dissen.

Das „Hotel Meyer" in der Osnabrücker Straße wandelte sich vom „Brüsseler Hof" in jüngerer Zeit zum „Pub Queen Victoria", um heutzutage als Spielsalon gegen mögliche Langeweile offen zu stehen.

Die hölzerne Veranda des „Hotels Meyer" wich einem massiv gebauten Frühstücksraum. Hier eine Aufnahme aus den frühen 1950er-Jahren.

Zahlreiche der hier gezeigten Fotos sind dem Fotografen Hemmelskamp zu verdanken, …

… der in seinem Hause in der Münsterstraße neben seinem Fotoatelier auch die „Familienpension Haus Oldenburg“ betrieb.

Die „Villa Augusta" stammt aus dem Jahre 1901. Sie wurde 1922 von dem bekannten Badearzt und Heimathistoriker Dr. Alfred Bauer übernommen, dessen Enkel Dr. Martin Bauer wir den Zugang zum Archiv des von seinem Großvater gegründeten Heimatmuseums zu verdanken haben.

Aus dem „Hotel Metropole" an der Osnabrücker Straße wurde nach einem Umbau das Kinderheim „Phönix". Auch hier, gegenüber der Westfalen-Tankstelle, befindet sich heute ein Parkplatz.

Auch das „Haus Ewers“ am Kurpark zählt zu den ältesten Logien. Übrigens war der gesamte Kurpark von einem Metallgitterzaun umgeben, wie er im Vordergrund zu sehen ist.

Nach einer Vergrößerung und Renovierung standen den Gästen im „Hause Ewers-Börger“ in den 1920er-Jahren 20 Zimmer zur Verfügung. Als die 1960 von Dr. Fritz Georg gegründete Augenklinik ist das Haus in der jüngeren Vergangenheit überregional bekannt geworden.

„Ich hatte dir Sedan versprochen eine Karte zu schicken …" Die Post musste sich nun aber etwas beeilen, damit nicht schon wieder „Sedan" war, der Jahrestag des Sieges in gleichnamiger Schlacht am 2. September des Jahres 1871. Das „Haus Wilhelm Noltmann" am Kurgarten warb mit seiner Nähe zum Alten Badehause.

Viele Häuser nahmen baulich rasante Entwicklungen, hier das „Haus Peters-Noltmann" Mitte der 1950er-Jahre.

Auf Balkon und Treppe für den Fotografen versammelt: Die Gäste des „Hauses Abt“, einem „vornehmen Fremdenheim“ in der Gartenstraße im Jahre 1910.

„Hier wohnen wir“ – das Kreuzchen für die Lieben daheim verkündet stolz den Ort des Aufenthalts hier in der „Villa Westendorf“ in der Frankfurter Straße, ein „eingeführtes Haus mit langjähriger treuer Kundschaft“, wie es in einer Anzeige von 1927 heißt.

„Heil dem Rothenfelder Bad mit seinen Wäldern, seiner Quelle stark und klar! Ihm und seinen treuen Gästen Glück und Segen immerdar!“ Auch das Kurhaus mit seinen 180 Betten warb mit der Gästebindung. Hier sprudelte die Quelle im Hause, das somit für ein Solebad nicht verlassen werden musste.

Recht spartanisch wirkt die Möblierung des Kursaals in den frühen 1950er-Jahren. Hinten links wird der Weg in die Kurhaus-Bar gewiesen.

Es ist alles bereit. Im Speisesaal des Kurhauses warten die Kellner auf den König Kurgast. Die Weingläser auf der Postkartenvorlage von ca. 1910 wurden von Hand nachretuschiert, um sie etwas glänzender erscheinen zu lassen.

Die älteste Unterkunft für Gäste ist das „Hotel Nollmann“ in der Parkstraße. Mit dieser Karte wurde Herrn Dr. Weiß in Berlin am 11. August 1922 sein Reservierungswunsch bestätigt. Zu jener Zeit gab's noch „3 mal frische Milch aus eigener Stallung“. – Die Vorstellung von „Wellness“ hat sich offenbar ein wenig gewandelt.

Baulich blieb vom „Hotel Nollmann“ in der heutigen Parkklinik viel erhalten.

„Hannoversches Malzbier“ und ein „Rasir-Salon“ erfreuten die Gäste im Hotel und Restaurant „Phönix“ in der Kirchstraße. In den 20er-Jahren firmierte das Haus unter Heinrich Röhrich als „Hotel und Pension Teutonia“. Heute beherbergt es das Restaurant „Dalmatien“.

Im „Deutschen Haus“ von Fritz Wiemann waren motorisierte Gäste bereits in den Goldenen Zwanzigern mit „neuzeitlichen Garagen“ und der Möglichkeit zu tanken sehr willkommen. Hier eine Aufnahme aus den frühen 50er-Jahren.

Bei aller Gastlichkeit – auch Heimweh kommt vor. „Es ist ein Glück dass hier am Montag Schluß ist", schrieb Elisabeth Riepe am 3. September 1908 und freute sich auf „ein fröhliches Wiedersehen" daheim. Ob es ihr in der „Villa Wilhelmina", dem späteren Bochumer Kinderheim nicht gefallen hat? – Es dürfte eine Ausnahme gewesen sein.

8

In Rothenfelde unterwegs

In einem Kurort herrscht gemeinhin ein moderates Tempo. So soll es sein: Man bummelt, flaniert oder wandert. Je mehr Gäste in Bad Rothenfelde begrüßt werden konnten, desto wichtiger wurde jedoch auch die Weiterentwicklung des Verkehrssystems. Die Gäste reisten überwiegend mit der Staatsbahn an, dem „Haller Willem". Vom Bahnhof Dissen/Bad Rothenfelde wurden sie zunächst mit Pferdekutschen, später mit Omnibussen abgeholt und zu ihrem Quartier gebracht. Bereits vor dem Ersten Weltkrieg startete das Automobil seinen Siegeszug. Ein Auto galt als ganz besonders chic und wurde auch gern ins Postkartenmotiv mit aufgenommen. Die Hoteliers trugen dem neuen Verkehrsmittel der Gäste Rechnung und bauten Garagen für die blank polierten Vierräder. Die Straßen veränderten ihren Charakter, mehr und mehr wurden sie vom Auto beherrscht. Bäume verschwanden, um mehr Verkehrsflächen zu schaffen. Das Spielen der Kinder auf der Straße wurde riskanter. Das Auto aber blieb, denn auch auf Rädern lässt sich trefflich flanieren.

Spielzeug auf der Osnabrücker Straße? Mit der Größenordnung von Auto und Kutsche bewies der Fotograf beim Hineinkleben ins Motiv keine glückliche Hand. – Links ist die Villa des Badearztes Sanitätsrat Dr. Kanzler zu sehen, daneben die „Villa Lahrmann" („Gute Verpflegung bei mäßigen Preisen") und dann die „Villa Weber" (später Zapp).

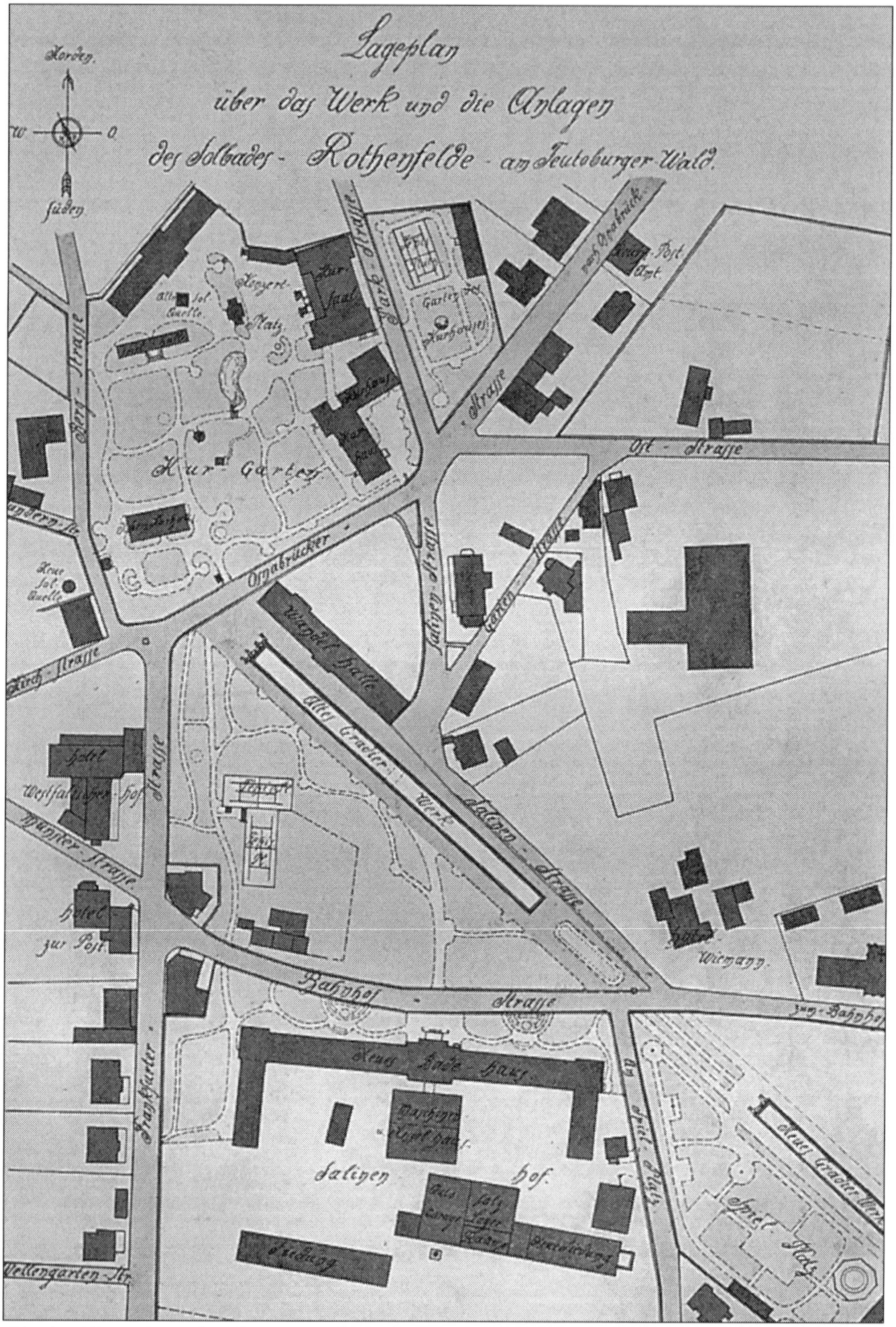

Als der Kurpark noch „Kurgarten“ hieß: ein Lageplan „über das Werk und die Anlagen des Solbades Rothenfelde“ um 1910.

Die andere Seite der Osnabrücker Straße mit dem „Haus Reinking“, das bereits im Kaiserreich eine ganze Reihe von Einkaufsmöglichkeiten bot. Auf dem Kopfsteinpflaster bestimmten breit getretene Pferdeäpfel das Bild – und den Geruch.

Ein Blick in die Parkstraße. Vorn links befindet sich die „Villa Helena“ von August Schulte. Er schickte zum Transport seiner Gäste einen „Autoomnibus zu jedem Zuge am Bahnhof“.

Während die Kinder beim Kutschenausflug vor dem Bochumer Kinderheim in der Salinenstraße Halt machten, …

… hatte sich auf dem Parkplatz des „Westfälischen Hofes“ eine stolze Zahl von Autos ebenso stolzer Besitzer versammelt. Die Rückseite der Karte diente als Menüplan.

„Mein Herzensliebling, warum kommst du nicht?“ Sehnsuchtsvoll grüßt der Kartenschreiber mit einem Blick in die Bahnhofstraße. Vorn links ist das „Haus Kaesemann“, hinten das Neue Badehaus, davor die Konditorei Louis Peters (heute Sparkasse Osnabrück) und vorn rechts das „Hotel zur Post“ zu erkennen. Hoffen wir, dass der „Herzensliebling“ bald kam.

Reisen macht hungrig: Die Speisekarte des „Hotels zur Post“ aus der Zeit vor dem Ersten Weltkrieg.

Der hauseigene „Linienwagen“ mit Heckeinstieg und Kofferdach ist vorgefahren. Ein Jahrzehnt später gab es am „Hotel zur Post“ bereits „10 Auto-Garagen“ und eine „freie Unterstellung der Automobile“.

1905 war die Frankfurter Straße noch eine dicht belaubte und prächtige Allee.

Eine andere Zeit: „Tag der nationalen Arbeit“ am 1. Mai 1934 vor dem „Haus Johann Temme“ in der Bahnhofstraße. Mit diesem Wagen wurde im NS-Mai-Umzug Propaganda für den Eigenheimbau gemacht.

Seit 1886 verband der „Haller Willem“ Bielefeld und Osnabrück per Bahn. Diese Karte von Beucke in Dissen wurde 1907 innerhalb Englands versandt. Offensichtlich hatte sie ein Gast als Souvenir mit auf die Insel genommen. Das Bahnhofsgebäude war die Reise von Hildesheim angetreten – man hatte es abgetragen und in Dissen wieder aufgebaut –, wo es zuvor dem gleichen Zweck gedient hatte.

Die dem Gleis abgewandte Seite des Bahnhofs. Von hier starteten Pferdefuhrwerke, Autos …

… sowie seit den späten 1920er-Jahren auch Omnibusse der Marken Benz, Brennabor (2) und Dürkopp, um die Gäste an ihr Reiseziel Bad Rothenfelde zu bringen. Dem zweiten Bus von links wurde ein zweites Leben gewährt.

Auf Initiative eines Rothenfelder Oldtimer-Liebhabers wurde dieser Brennabor, Baujahr 1928, aufwändig restauriert. Seit 2003 steht er als automobiles Kulturgut und Imageträger der Gemeinde Bad Rothenfelde für Sondereinsätze zur Verfügung. Das Foto zeigt den Bus vor dem Siedehaus der Salinen-Aktiengesellschaft, in dessen Besitz er sich bis 1969 befand.

Wie hätten Sie's denn gern? Einen Ausflug mit dem Zweispänner …

… oder einem Hanomag „Komissbrot"? Diese Gäste des „Hauses Stünkel" in der Bahnhofstraße wählten 1928 den Kleinwagen, um zum Picknick ins Grüne zu fahren.

Um 1910 war auch das Fahrrad noch ein sehr modernes Fortbewegungsmittel. Zwei stolze „Velocipedisten" fanden sich in der Münsterstraße vor dem „Gasthaus Tepe" ein.

Unterwegs in Rothenfelde: der hauseigene Linienwagen von Tepe.

Trotz der Zunahme des Verkehrs: Die Straße blieb noch lange der angestammte Aufenthalts- und Spielplatz für Kinder.

Ein industrieller Betrieb im Kurort? Das war auch schon früher die Ausnahme. Das Feinblech-Walzwerk in Langschede an der Ruhr unterhielt in Rothenfelde eine „Blechwarenfabrik und Verzinkungsanstalt".

Wo früher eine über hundertköpfige Belegschaft Fässer, Tonnen, Eimer und Badewannen herstellte, kann heute der Besucher sein Auto auf dem Zentralparkplatz vor dem Freibad abstellen, um das zu tun, was in Rothenfelde stets angesagt war: Entspannung von der Arbeit zu finden.

9

Auf Schusters Rappen

Dass die Sole in einer landschaftlich reizvollen Gegend entdeckt wurde, war für die Entwicklung Bad Rothenfeldes ein großes Glück. So profitiert der Gast nicht nur von den heilbringenden Bädern, sondern kann auch das schöne Umland genießen. Mit Blick in die Münster'sche Bucht ist der Kleine Berg zu durchwandern, ein Ausläufer des Teutoburger Waldes. Klimatisch begünstigt, gedeihen dort noch heute wilde Orchideen. Beliebte Nahziele waren früher die Mühle in Helfern mit ihrem romantisch gelegenen Teich oder das Schloss Palsterkamp mit seiner typischen Gräfte und einem alten Baumbestand. Auch konnte man als Zaungast den Kurbetrieb in den benachbarten Badeorten Laer und Iburg studieren. Wem die Wanderung zu weit war, der fuhr mit der Bahn ins Westfälische: in die Nähe der oberhalb von Borgholzhausen gelegenen Ravensburg.

Der Mai ist gekommen: Am 15. Mai 1949 konnte das 50-jährige Bestehen der Bismarckhütte gefeiert werden. Die Wirtsleute Heinrich und Anna Tepe (sitzend, 2. u. 3. v. l.) konnten unter vielen anderen Gästen auch den Kurdirektor Walter Brake begrüßen (stehend, 3. v. l.).

Auch für Kinder immer wieder schön: die Bismarckhütte, hier in einer Aufnahme des Fotografen Reinking aus dem Jahre 1906.

Im Schatten der Bäume heißt es an der Bismarckhütte rasten und den Wald genießen – und das schon seit über 100 Jahren.

Die Blicke schweifen lassen: Vom 1903 errichteten Aussichtsturm – auch „Eiserner Anton" genannt – war das Ravensberger und das Münsterland zu übersehen. An gleicher Stelle wurde 1980 ein neuer Aussichtsturm aus Beton eingeweiht.

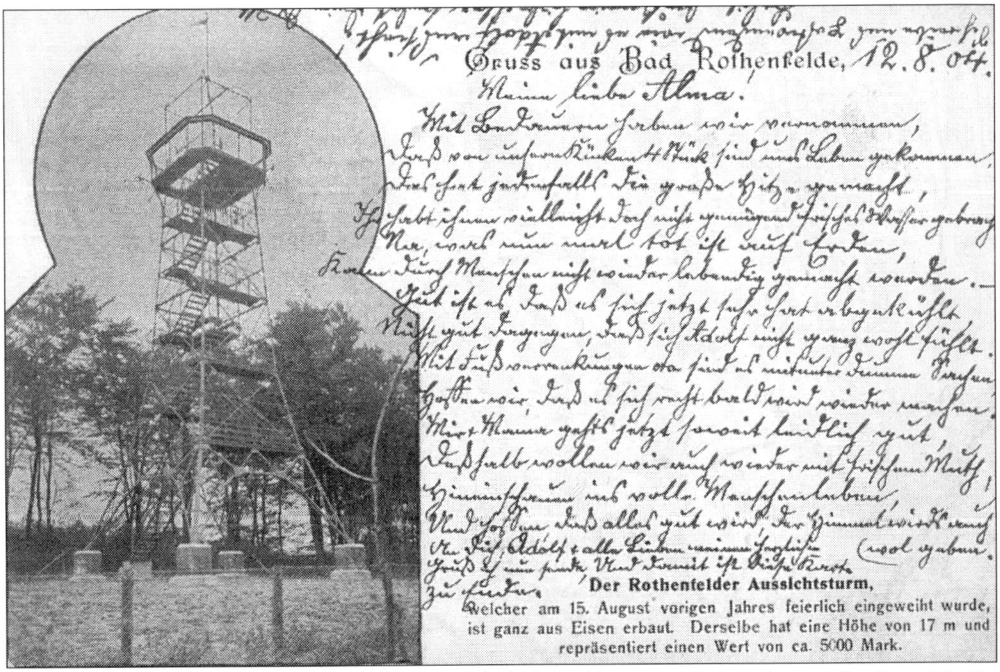

„Mir + Mama geht's jetzt soweit leidlich gut, deshalb wollen wir auch wieder mit frischem Muth, hineinschauen ins volle Menschenleben". Ein gereimter Gruß passte 1904 auf diese Postkarte.

Und noch ein Turm: Der Wasserturm stand an der Parkstraße bis zu seiner Sprengung am 8. März 1972. Eigentlich schade, oder?

Ein Blick zurück auf die Häuser der Parkstraße, bevor schon bald der Waldrand erreicht ist.

Auch im nahen Erpen ist man zu Fuß schnell angelangt. Hier erkennt man den Mühlenteich der Springmühle mit seinen stolzen Schwänen.

Schwein gehabt: Bauer Springmeyer in Erpen war schon im Kaiserreich in der ganzen Provinz Hannover als erfolgreicher Schweinezüchter bekannt. Für die Kurgäste aus der Stadt waren Schweine auch damals schon ein eher seltener Anblick.

Auch das Haus Palsterkamp konnte vom Kurzentrum aus bequem erwandert werden.

Die Gräfte im Palsterkamp in einer Aufnahme aus dem Jahre 1909.

Lebens- und Arbeitsgemeinschaft Bauernhof: Die Familie, das Gesinde und die Pferde – sie alle mussten still stehen für den Fotografen, freilich in der sozialen Hierarchie der vordemokratischen Gesellschaft der Kaiserzeit. Hier sieht man den Hof und die Familie Niehaus-Stöwwe am Ortsrand von Bad Rothenfelde.

Familienausflug mit Esel: Der nahe Wellengarten bot sich für die Tour mit kleinen Kindern an. Daran hat sich bis heute nichts geändert.

„Viele herzliche Grüße aus dieser sehr schönen Gegend“ gingen am 5. Juli 1906 nach Bremen.

Auch das prächtige Fachwerk des Forsthauses blieb bis auf den heutigen Tag unverändert.

Ländliche Idylle an der Wassermühle in Helfern.

Die Kahnpartie auf dem Helferner Mühlenteich – ein romantisches Vergnügen, besonders wenn es so zauberhaft inszeniert ist wie auf dieser Originalvorlage von Hinrichs aus Dissen, der daraus in seinem Verlag eine Postkarte machte.

Ein typisches kleines Heuerlingshaus (Kotten) im nahen Aschendorf.

Urlaub auf dem Bauernhof im „Haus Temme" in Aschendorf.

Geburtsort und Stätte der Genesung: Das Waldkrankenhaus in Strang diente im Laufe der Jahrzehnte vielen Zwecken.

Nach dem Ende des Kalten Krieges – zuletzt wurde es als Depot der Bundeswehr genutzt – ist das Gelände heute als luxuriös ausgestatteter Kur-Campingplatz eingerichtet – eine neue und behagliche Möglichkeit, um das moderne Bad Rothenfelde kennen zu lernen.

Die Heimat entdecken!

Von Kiel bis Wien,
von Aachen bis Görlitz:
Entdecken Sie Alltagsgeschichten
aus Ihrer Heimatstadt!

Leben in der Großstadt …

Tauchen Sie ein in das quirlige Großstadtleben vergangener Tage. Spazieren Sie über breite Boulevards und stürzen Sie sich ins Nachtleben. Erkunden Sie ihre Stadt durch die Fensterscheiben einer Straßenbahn oder des ersten Käfers und bewundern Sie prächtig geschmückte Schaufenster.

… und ländliche Idylle

Wie sah das Leben in Ihrer Heimat aus, als die Bauern noch mit Pferden pflügten und jedes Dorf seinen eigenen Schmied hatte, jeder noch jeden kannte und das Leben sich zwischen Kirche, Wirtshaus und Wohnküche abspielte?

Erinnerungen an die Schulzeit …

Erinnern Sie sich noch an die Zeiten von Abakus und Schiefertafel, an Klassenausflüge oder den ersten Taschenrechner? Blicken Sie zurück auf große Klassen und gestrenge Schulmeister, entdecken Sie auf Klassenfotos Freunde und Bekannte von früher!

Gesellige Stunden im Verein …

Fußballclub und Schützenverein, Musikkapelle und Gesellenverein: Schauen Sie zurück auf Volksfeste und Turniere, Chorproben oder Prunksitzungen. Erinnern Sie sich an schöne Stunden und das gesellschaftliche Leben in Ihrer Heimat.

Druck:
CPI Druckdienstleistungen GmbH
im Auftrag der
Zeitfracht Medien GmbH
Ein Unternehmen der Zeitfracht - Gruppe
Ferdinand-Jühlke-Str. 7
99095 Erfurt

MIX
Papier | Fördert gute Waldnutzung
FSC® C083411

Zeitfracht Medien GmbH
Ferdinand-Jühlke-Straße 7
99095 Erfurt, Deutschland
produktsicherheit@kolibri360.de